박두성

박두성

최도영 글 하민석 그림

비룡소

두성이가 뒷짐 지고 앞서가며 말했어요.

"공자께서 말씀하시길."

두 동생이 졸래졸래 뒤따르며 말했지요.

"공자께서 말씀하시길."

두성이는 걸음을 멈추고 동생들을 향해 돌아섰어요. 그러고는 보송보송한 턱에 손을 대고 다 큰 어른처럼 긴 수염을 쓸어내리는 시늉을 해 보였어요.

"배우고 때때로 익히니 또한 기쁘지 아니한가!"

이번엔 동생들이 따라 하지 못했어요. 훈장님을 흉내 내는 형을 보고 웃음이 터졌거든요.

서당에서 글공부를 마치고 논두렁길을 밟아 집으로 돌아가는 길이었어요. 일곱 살 두성이는 글을 배우는 게 즐거웠어요.

집에 도착하자 부모님이 두성이에게 말했어요.

"두성아, 동생들하고 학교에 가 보겠니?"

학교가 무언지 몰라서 두성이는 눈만 깜박였어요.

"서당에서는 한문만 가르치지만 학교에서는 서양에서 들어온 공부도 시켜 준다는구나. 우리가 농사짓고 사는 집이긴 해도 세상이 달라졌으니 학교에 가 보면 좋을 것 같다."

두성이는 가슴이 두근거렸어요. 무슨 공부를 한다는

건지는 확실히 몰랐지만 새로운 걸 배운다고 생각하니
몹시 설레었어요.

"네, 좋아요! 저도 학교 갈래요!"

두성이는 1888년 4월 26일, 우리나라 서쪽의 강화도 옆에 있는 '교동도'라는 자그마한 섬에서 태어났어요. 두성이네는 농사를 지었는데 형편이 넉넉하지 않았어요. 아홉 남매 중 첫째인 두성이는 어려서부터 농사일을 도우며 동생들을 돌보았지요.

　　서당에 다니던 두성이는 일곱 살에 강화도의 보창학교 기숙사에 들어가 4년 동안 공부했어요.

그러고는 집안 형편 때문에 다시 집으로 돌아와 농사일을 도왔어요. 공부에 한창 재미를 느끼던 두성이는 마음에 아쉬움이 가득했지요.

두성이가 열세 살이 된 해에 전국적으로 큰 흉년이 들었어요. 가뜩이나 넉넉하지 않은 두성이네는 풀뿌리와 나무껍질을 삶아 먹어야 할 만큼 심한 배고픔에 시달렸지요.

'이렇게 살다가는 평생 공부할 기회가 없을지도 몰라. 일본으로 가서 돈도 벌고 공부할 길을 찾아보자!'

두성이는 가족들 몰래 일본 오사카에 건너가 가게 점원으로 일했어요. 하지만 머릿속에는 식구들 걱정이 떠나지 않았어요. 결국 눈병까지 얻어 두 달 만에 우리나라로 돌아오는 배에 몸을 실었어요.

"두성아!"

인천에 도착해 배에서 내렸을 때 부두에 아버지가 서 있었어요. 소식을 알 길 없는 큰아들을 찾아 그곳을 서성이던 아버지가 우연히 두성이를 본 거예요. 가족들에 대한 미안함에 두성이는 뜨거운 눈물을 쏟았어요.

"죄송해요, 아버지. 가족들은 배를 곯는데 공부하겠다는 욕심이나 내고……."

아버지는 두성이를 부둥켜안았어요.

"그 욕심 버리지 마라. 진정 간절한 뜻이라면 길이 열릴 게다."

두성이는 다시 집에서 농사일에 힘을 쏟았어요. 밤마다 책을 읽는 것도 게을리 하지 않았지요.

그런 두성이에게 좋은 기회가 왔어요. 보창 학교 교장 선생님이었던 이동휘 선생이 힘써 준 덕에 서울에서 한성 사범 학교에 다닐 수 있게 되었거든요. 사범 학교는 선생님을 길러 내는 학교예요. 두성이는 열일곱 살에 그곳을 졸업하고 보통학교(일제 강점기의 초등학교와 같은 곳) 선생님이 되었어요.

두성이는 월급을 받아 집안을 도울 수 있어 마음이 조금 놓였어요. 자신이 배운 것을 다른 이들에게 나누어 준다는 생각에 뿌듯하기도 했고요.

그즈음 우리나라의 상황은 점점 더 나빠져만 갔어요. 박두성이 스물두 살 되던 1910년, 우리나라는 일본에 나라를 빼앗겼어요. 일본은 우리나라를 자기들 마음대로 다스렸어요. 우리 국민들을 함부로 대했지요. 그런 일본에 맞서서 나라를 되찾고자 하는 사람들이 있었는데 이동휘 선생도 그중 하나였지요.

1911년 어느 날 밤, 이동휘 선생은 남몰래 박두성을 찾아와 나직이 말했어요.

"나는 이제 북만주로 건너갈 생각이야. 자네도 함께 하지 않겠나?"

우리나라에서는 일본의 감시가 심하기에, 중국 땅인 만주로 건너가 일본을 물리칠 방법을 찾고자 한 것이 었지요. 박두성은 용기 있게 일본에 맞서는 이동휘 선생의 모습이 존경스러웠어요. 그러나 박두성은 한참 만에 고개를 저었어요.

"선생님, 저는 이 땅에 남아 우리나라의 인재를 길러 내는 일에 힘쓰겠습니다."

선생은 박두성의 눈을 바라보았어요. 그리고 이내 고개를 끄덕이며 두성의 손을 힘주어 잡았어요.

"자네에게 '송암'이라는 호를 주겠네. 암자(도를 닦기 위해 만든 자그마한 집)의 푸른 소나무처럼 뜻을 굽히지 말고 남이 하지 않는 일에 평생을 바치게."

'호'는 본래의 이름 대신 짓는 또 다른 이름이에요. 그렇게 호를 얻은 박두성은 자신이 평생을 바쳐 할 일이 무엇인지 고민하게 되었어요.

월급을 받았지만 박두성의 형편은 넉넉하지 못했어요. 서울에서 셋방살이하는 두성에게 동생들이 줄줄이 와 있었거든요. 그러던 어느 날 그의 눈에 한 광고지가 들어왔어요. 제생원 맹아부에서 교사를 구하는데, 뽑히면 월급은 물론 생활할 방을 준다는 것이었지요.

1913년 1월 어느 날, 박두성은 칼날 같은 겨울바람을 맞으며 서울 서대문구 천연동 98번지로 향했어요. 스물다섯 살이 된 그가 제생원 맹아부에 첫발을 들여놓는 날이었지요. 그곳은 앞을 못 보는 맹인 학생들을 가르치는 곳이었어요.

'이곳에는 맹인을 위한 학습 도구와 방법이 있겠지.'

하지만 두성의 기대는 어긋났어요. 교실에는 칠판도, 교과서도, 다른 아무것도 보이지 않았어요. 또 어린 소년부터 30대 어른까지, 그리고 앞을 전혀 보지 못하는 사람부터 가까이서 큰 글자 정도는 읽는 사람이 뒤섞여 앉아 있었어요. 게다가 대부분은 일본인 교사가 빠르게 내뱉는 일본어를 제대로 알아듣지 못해 쩔쩔매고 있었지요.

박두성은 가슴이 꽉 막히는 듯했어요.

'가뜩이나 앞이 안 보여 갑갑할 텐데 우리말로 배우지도 못하다니!'

맹아부 졸업생들은 일본인들에게 안마를 해 주거나 침을 놓아 주는 일을 하는 경우가 많았어요. 그러기 위해서는 의학 과목을 배워야 했고요. 박두성은 그 수업에 따라 들어가서 일본인 교사의 말을 우리말로 바꾸어서 학생들에게 알려 주었어요.

일본인 교사가 "젠또오 꼬쓰!"라고 말하면 박두성이 "젠또오 꼬쓰는 전두골이란다."라고 바꾸어 주는 식이었지요. 하지만 그러고 나면 학생들이 다시 물었어요.

"통역 선생님! 전두골은 또 뭔데요?"

우리말로 바꾸어도 어려운 말이니 단번에 알아듣지 못한 것이지요.

"이마뼈 말이다. 머리 앞부분, 이마가 있는 곳에 하나가 있어."

박두성의 자상한 설명에 학생들은 귀를 쫑긋 세우고 들었어요. 이마뼈를 자기 몸에서 찾아 만져 보기도 하면서요.

앞을 보지 못하지만 하나라도 배우려고 애쓰는 맹인 학생들을 보며 박두성은 가슴이 뜨거워졌어요. 배우고 싶어도 배울 수 없던 자신의 지난날이 떠올랐어요. 이 학생들은 자신과 같은 설움을 겪지 않길 바랐지요. 어떻게든 그들이 마음껏 배울 수 있게 해 주고 싶었어요.

박두성은 맹아부 부장을 찾아갔어요.

"점자 교과서를 만들어야 합니다. 책도 없이 어떻게 공부를 한단 말입니까."

"점자 인쇄기는 일본에서 들여와야 합니다. 그리고 그걸 누가 합니까?"

"제가 하겠습니다."

점자는 종이에 볼록 튀어나오게 점을 찍어 그것을 손가락으로 더듬어 읽게 만든 글자예요. 맹인 학생들을

달칵달칵

가르치기 위해 박두성은 점자 교과서를 만들겠다고 마음먹었지요.

　제생원에 점자 인쇄기가 도착하자 박두성은 밤낮없이 점자책을 찍는 일에 몰두했어요. 그리하여 1913년 8월 25일, 우리나라 최초의 점자 교과서를 만들었어요. 비록 일본어 점자이긴 했지만 우리나라 맹인 학생들이 비로소 책으로 공부할 수 있게 된 거예요.

박두성은 거기에 만족하지 않았어요.

'교과서도 중요하지만 이것저것 만져 보고 다양한 경험을 해야 해.'

그는 맹인 학생들이 직접 만져 볼 수 있는 세모꼴과 사다리꼴 모형을 만들기 시작했어요. 판자에 톱질을 하다가 손끝에서 피를 줄줄 쏟기 일쑤였지요. 동물 소리를 듣거나 꽃 냄새를 맡게 하려고 학생들을 데리고 소풍을 나가기도 했지요. 읽고 쓰는 것 말고도 셈하기가 중요하다 생각하여 주판(판에 나란히 끼운 알을 움직여 셈을 할 때 쓰는 기구) 놓는 법도 열심히 가르쳤고요.

또 방학이면 신발 끈을 조여 매고 우리나라 곳곳으로 맹인 학생을 모으러 다녔어요.

'아무리 좋은 것을 가르쳐도 배우러 오지 않으면 소용없어!'

일본인 관리들은 그런 박두성을 비웃었어요.

"박 선생, 거 쓸데없는 짓 말고 월급이나 타는 게 좋지 않겠소?"

하지만 박두성은 아랑곳하지 않았어요. 오히려 발이 부르트도록 돌아다니며 눈먼 자식을 집 안에만 두어 기르는 사람들을 설득하는 데 힘을 쏟았지요.

박두성이 제생원에 온 지도 어느덧 7년이나 되었어요. 어느 날, 조선어 시간에 학생 중 전태환이 불쑥 물었어요.

"선생님! 왜 우리는 조선어 점자가 없어요?"

그때 우리는 일본에 나라를 빼앗긴 상태여서 일본어를 '국어'라 하고 정작 우리말과 글은 '조선어'라고 했어요. 우리글 점자가 없으니 조선어 과목은 교과서도 없이 공부하는 시간이었지요.

박두성은 말문이 막혀 선뜻 대답하지 못했어요. 우리 맹인들이 읽고 쓸 우리글 점자가 없다는 것은 박두성의 마음에 내내 걸려 있던 일이었어요.

선생님!
왜 우리는 조선어
점자가 없나요?

그게,
그러니까…….

"평양여학교 맹인반에서 조선어 점자를 가르친대요. 저희에게 그걸 가르쳐 주시면 안 되나요?"

학생들은 그거라도 알려 달라고 졸라 댔어요. 그 점자는 미국에서 온 선교사 홀 여사가 만든 것이었어요. 하지만 박두성이 보기에 그것은 우리글을 쓰기에 적당치 않았고 배우기도 쉽지 않았지요.

박두성은 새로운 결심을 하게 되었어요.

"우리글 점자를 만들어야겠어! 우리글 점자는 우리 맹인들의 앞 못 보는 갑갑함, 나라 잃은 서러움을 씻어 줄 게야."

홀 여사가 만든 점자는
우리말에 쓰긴 어려워.

안 되겠군,
직접 연구해서 만들어야지!

1920년, 서른두 살이 된 박두성은 한글 점자를 만들기 위한 연구를 시작했어요. 전태환, 노학우, 왕석보 등의 맹인 제자들에게도 함께 연구할 것을 권했고요.

"한글 점자를 만들려면 먼저 한글의 원리부터 알 필요가 있겠구나. 한글을 만든 과정부터 살펴보자꾸나."

철저하게 맹인의 심정으로.

한글의 원리부터 알아야 돼.

박두성과 제자들은 매일매일 머리를 맞대고 연구 내용을 이야기하며 우리글 점자를 만들기 위해 온 힘을 쏟았어요. 먼저 한글의 자음을 점자로 옮기는 연구를 하고 이어 모음의 점자를 만드는 연구를 하였지요.

해가 바뀌고 2월 말의 어느 날, 박두성은 전태환, 노학우, 왕석보를 불렀어요. 그러고는 종이를 한 장씩 나누어 주었지요.

"이게 내가 생각하는 한글 점자다. 자음은 점 3개로, 모음은 점 2개로 만들어 보았으니 가서 한번 읽어 보고 어떤지 말해 주렴."

박두성의 말에 세 제자의 표정이 보름달처럼 환해졌어요. 그들은 숨 가쁘게 기숙사로 돌아와 박두성이 건네준 점자를 쓰고 읽었어요. 시간 가는 줄 몰랐지요.

우리도
배울 수 있어!

그리고 일주일 뒤, 3·2점식 점자가 어떤지 묻는 박두성에게 제자들은 말했어요.

"저희들도 눈을 뜨게 됐습니다! 우리도 무엇이든 배울 수 있습니다!"

박두성은 그 말에 엷게 웃었어요. 배움의 기쁨에 들뜬 제자들을 보니 절로 웃음이 났지요.

3·2점식 점자는 전국의 맹인들에게 퍼져 나가기 시작했어요. 그들은 『옥루몽』이나 『심청전』 같은 책을 점자로 읽었어요. 『심청전』의 심봉사가 눈을 뜨는 부분에서는 꼭 자신들이 눈을 뜬 것 같았어요.

하지만 박두성은 3·2점식 점자가 마음에 쏙 들지 않아 고민이었어요. 밥상머리에 앉아서도 밥알을 물이 될 때까지 씹으며 중얼거렸지요.

"점자는 배우기 쉽고, 점의 수가 적으며, 헷갈리지 않아야 하는데……."

"식사는 안 하시고 뭘 그렇게 중얼거리세요?"

부인 김경내가 보다 못해 아는 체를 했어요. 박두성은 그런 김경내에게 대뜸 물었어요.

학
교

　"여보, '학교'라는 말에서 '학' 자에 쓰인 'ㄱ'과 '교' 자에 쓰인 'ㄱ'이 어떻게 다르지요?"

　"네? 그야 앞에 건 받침이고 뒤에 건 첫소리 자음이지요."

　"그러니까요. 눈 뜬 이들이야 적은 걸 보면 알지만 맹인들은 점자를 손으로 만져 읽어야 하니 첫소리와 받침이 헷갈린단 말이지요. 그걸 어찌 해결해야 하나 고민하는 중이라오."

박두성은 어떻게든 쉽고 간단한 점자를 만들고 싶었
어요. 그래서 다시 세종대왕이 한글을 만든 과정을 연
구하기로 했어요. 그리하여 1923년, 제생원 졸업생 유
도윤, 이종덕, 노학우, 전태환, 이종화, 황이채, 김영규,
김황봉 등 8명을 모아 '조선어점자연구위원회'를 만들
었어요. 세종대왕이 훈민정음을 창제할 때 8명의 학자

를 모아 언문청(한글과 관련된 모든 것을 처리하던 곳)을 만든 것을 본뜬 것이었지요.

하지만 박두성과 위원들은 비밀스럽게 연구해야만 했어요. 1919년 삼일 운동이 일어나 우리나라 사람들이 독립 만세를 부르짖은 뒤, 일본은 우리나라를 더 강하게 짓누르면서 우리말을 없애고 싶어 했거든요.

일본인 교사 네모토는 박두성이 하는 일을 눈치채고 말했어요.

"박 선생도 한글학자들처럼 잡혀가지 말란 법 있소? 그거 그만두시오."

그러자 박두성은 담담하게 답했지요.

"내가 무슨 대단한 뜻이 있어 이러는 게 아니오. 나는 밥 먹고 살기 위해서 제생원에 왔고, 여기 맹인 학생들도 굶지 않게 해 주고 싶을 뿐이라오. 그들이 점을 치는 일이든 침을 놓는 일이든 배우려면 점자책이 필요하니 어쩔 수 있겠소."

하지만 사실 박두성이 한글 점자를 만들려고 하는 이유는 그게 다가 아니었어요. 그는 맹인들의 가능성에 대해 더 큰 믿음을 품고 있었지요.

'맹인도 배우기만 하면 무엇이든 할 수 있어! 안정적인 직업도 가질 수도 있고, 공부하는 학자도 될 수 있고, 나라 잃은 우리 민족을 일으켜 세울 지도자도 될 수 있는 거야!'

박두성은 100여 년 전에 루이 브라유가 최초로 만든 6점식 점자 원리에서 힌트를 얻었어요. 그리고 그것을 바탕으로 조선어점자연구위원회 위원들과 함께 연구에 연구를 거듭했어요.

연구를 이어 갈수록 박두성의 눈은 붉게 충혈되어 갔어요. 하얀 종이에 까맣게 쓰인 글자들과는 달리, 점자는 하얀 종이에 튀어나온 하얀 점이어서 밤낮없이 점자를 들여다보는 일이 눈에 큰 부담을 준 거예요.

　　"이 사람, 눈을 아주 버렸구만 그래."

　　한의사이던 박두성의 장인은 혀를 끌끌 차며 약을 지어 주었어요. 하지만 눈은 좀처럼 회복되지 않았어요. 박두성의 눈은 갈수록 더 충혈되었고 그러다 나중에는 결국 눈동자가 회색으로 변해 버리고 말았어요. 그럼에도 박두성은 한글 점자 연구를 멈추지 않았어요.

1926년 8월, 드디어 한글 점자가 완성되었어요. 1923
년 4월에 시작하여 3년 4개월 만에 이루어 낸 일이었어
요. 3·2점식 점자를 생각해 내던 때부터 따지면 6년 7개
월의 세월이 흐른 셈이었지요.

새로 만들어진 한글 점자의 이름은 '훈맹정음'이었
어요. 세종대왕이 만든 우리글, '훈민정음'은 '백성을
가르치는 바른 소리'라는 뜻이고, 박두성이 만든 우리
점자, '훈맹정음'은 '맹인을 가르치는 바른 소리'라는
뜻이에요.

박두성은 총독부에 훈맹정음의 사용을 허락해 달라 간절히 청하였고, 그리하여 1926년 11월 4일에 훈맹정음이 반포되었어요. 세상에 널리 알려진 것이지요.

잘 때도,

"산아 산아 조선 산아, 네 아무리
높다 해도……."

훈맹정음이 완성된 후, 밤
이면 맹아부 기숙사에는 책
읽는 소리가 들려
오고는 했어요. 학생들은 이불 밑에 점
자책을 넣어 두고 손끝으로 더듬어 가
며 읽는 재미에 푹 빠졌어요. 이를
아는 박두성은 기쁨을 느끼면서도

밥 먹을 때도,

한편으로는 마음
이 무거웠어요.

똥 눌 때도.

'전국에 흩어져 있는 글 모르는
맹인들이 모두 책 읽는 기쁨을 누
리면 좋으련만…….'

언제나 책을 읽을 수 있다네.

박두성은 훈맹정음을 완성한 뒤에 '조선어점자연구 위원회'의 이름을 '육화사'라고 바꾸었어요. '육화'는 여섯 개의 꽃이라는 뜻인데 훈맹정음이 여섯 개의 점으로 되어 있어 그런 이름을 붙인 거예요. 육화사는 훈맹정음이 맹인들이 실제로 읽고 쓰기에 편한지 알아보는 일을 했어요. 또 점자 통신 교육을 했지요. 그 시작은 나라 곳곳에 있는 맹인들에게 점자를 알려 주는 설명서를 만들어 보내는 것이었지요. 그걸 보고 부인이 물었어요.

"그런데 이 설명서를 눈먼 이들이 어찌 읽지요?"

"우리나라에 글 모르는 이가 많다고 해도 마을에 누군가 한글 읽는 사람이 있겠지요. 그 사람이 맹인에게 이 설명서를 읽어 주면 돼요."

단 한 명의 맹인이라도 소외되지 않도록!

박두성은 서울에 사는 맹인들에게 점자를 직접 가르치
는 한편, 지방에 있는 맹인들과는 편지를 주고받느라 눈
코 뜰 새 없이 바빴어요. 바깥일을 마치고 집 안에 들어서
면 겉옷을 벗기도 전에 맹인들의 편지부터 뜯었지요.
  "어디 보자, 평안북도에서 천년이가 또 편지를 보냈
구나. 이런, 'ㅏ'를 빼먹고 점자를 썼네. 얼른 답장으로
알려 줘야지."
  박두성의 통신 교육 제자이던 김천년은 나중에 서울
맹학교 교감 선생님이 되었어요.

박두성은 맹인들이 읽을 수 있도록 수많은 책을 점자로 옮겨 그 책을 보내 주었어요. 『천자문』, 『조선어 독본』, 『임신정본』 등이 그것이지요. 그 책을 받아 공부한 맹인들은 박두성에게 편지를 보냈고요.

박 선생님, 안녕하세요.
저는 나이가 오십이 다 된
박춘성이라는 사람입니다. 사람의 미래를 점쳐 주며 살고 있는데 전에는 이 점치는 법을 공부하기가 아주 힘들었습니다. 누가 말로 일러 주는 것만 듣고 따라 외울 수밖에 없었으니까요. 이제 그 내용을 점자로 옮겨서 공부하니 전보다 한결 쉽고 빠르게 배울 수 있습니다.

(감사)

(하하)

통신 교육 제자에게서 이런 편지를 받을 때면 박두성의 얼굴에는 절로 웃음이 피어났어요.

그러나 늘 즐거운 편지만 받은 것은 아니었어요.

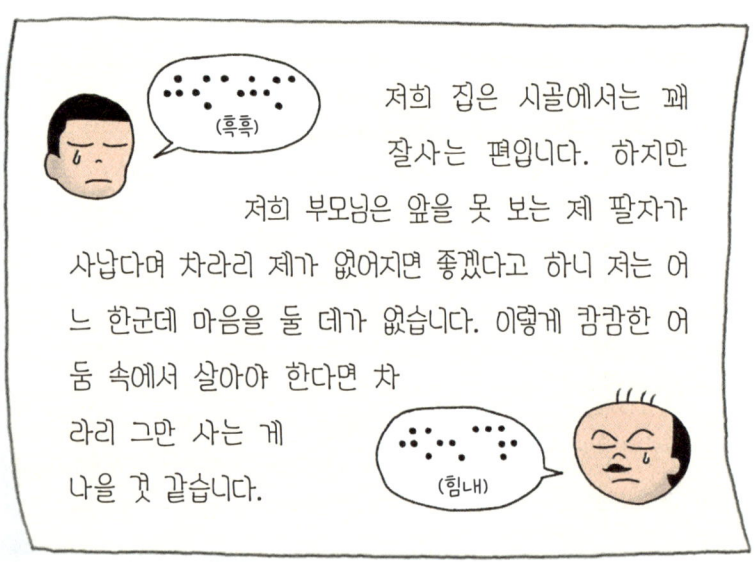

저희 집은 시골에서는 꽤 잘사는 편입니다. 하지만 저희 부모님은 앞을 못 보는 제 팔자가 사납다며 차라리 제가 없어지면 좋겠다고 하니 저는 어느 한군데 마음을 둘 데가 없습니다. 이렇게 캄캄한 어둠 속에서 살아야 한다면 차라리 그만 사는 게 나을 것 같습니다.

(흑흑)

(힘내)

이렇게 괴로운 사연을 접하면 박두성의 마음도 날카로운 것에 베인 듯 아팠어요.

"점자 성경을 만들자! 절망에 빠진 이들의 마음에 희망을 주어야지."

1931년, 박두성은 신약 성경을 점자책으로 옮기기 시작했어요. 열 살 딸 정희가 아버지 옆에서 성경을 읽어 주면 박두성이 점자를 찍는 제판기로 하나하나 점을 찍어 나갔지요.

점자책을 만드는 일은 무척 고된 일이었어요. 제판기를 발로 밟아 아연판에 철컥철컥 점자를 새겨 나가다가 틀리면 정과 장도리로 쨍쨍 소리나게 두드려 지워야 했거든요. 게다가 날이 갈수록 일본의 감시는 심해지기만 했어요. 박두성은 무더운 여름밤에도 문을 꼭꼭 걸어 잠그고 제판기를 밟고 또 밟았어요.

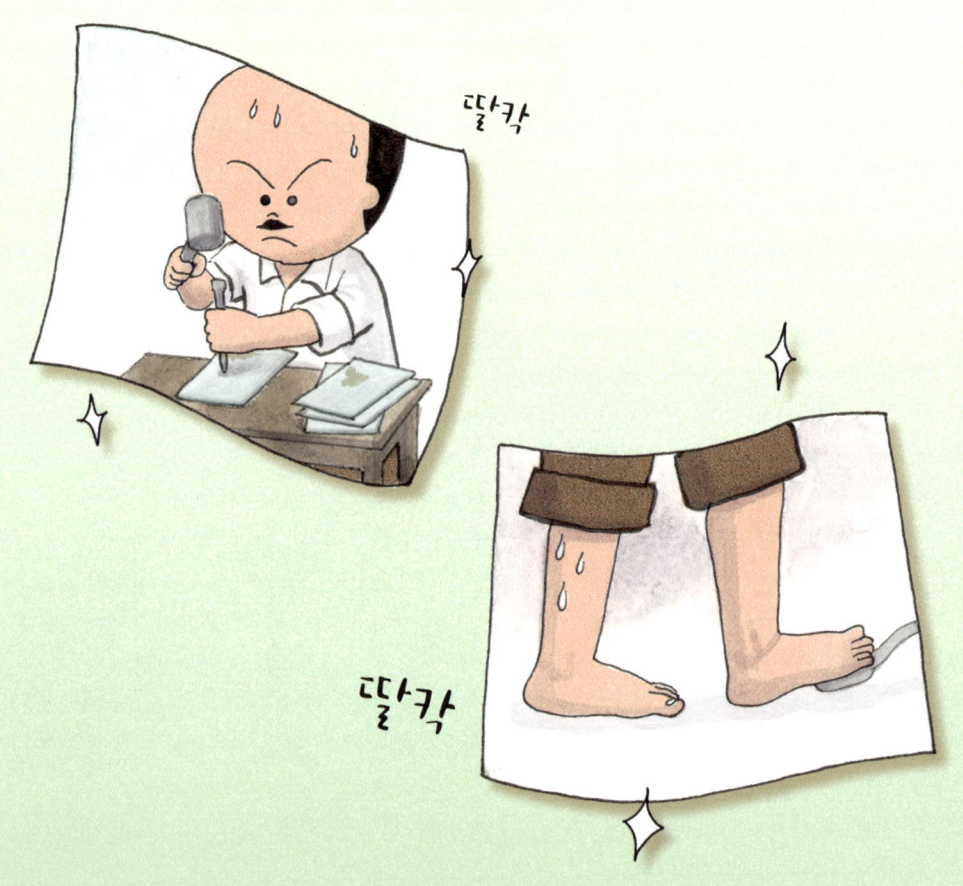

딸칵

딸칵

박두성은 이외에도 수많은 점자책을 만들었어요. 불교 경전을 읽으며 살아가는 맹인들을 위해 팔양경이나 천수경을 점자로 찍었어요. 또 안마와 침술을 배우는 맹인들을 위해서 여러 의학 서적을 점자로 옮겼고요. 한의사 딸인 부인 김경내의 도움으로 이루어 낸 일이었지요.

그렇게 쉴 없이 점자를 찍다가 박두성은 또다시 눈병에 걸리고 말았어요. 이번에는 훈맹정음을 만들던 때보다 상태가 훨씬 나빠서 시력을 잃을 지경이었어요.

2년 뒤 수술로 시력을 되찾긴 했으나 눈동자의 빛깔은 더욱 흐릿해졌어요.

딸칵

따달칵

    1935년, 마흔일곱 살이 되었을 때 박두성은 제생원 맹아부 교사를 그만두었어요. 22년이나 몸담은 곳을 떠나게 된 것이지요. 하지만 그는 맹인을 위한 일을 그만둘 생각이 전혀 없었어요.

    1940년, 박두성은 육화사를 '조선맹아사업협회'로 바꾸고 계속해서 점자책을 펴냈어요. 손과 다리를 동시에 움직여 쉴 새 없이 점자를 찍다 보니 박두성은 허리에도 병이 생겼어요.

    "선생님! 저희 때문에 아프신 허리, 저희가 안마로 고쳐 드리겠습니다."

    제자들의 정성 어린 안마를 받았지만 허리는 좀처럼 좋아지지 않았어요. 그때부터 허리 통증은 내내 박두성을 괴롭혔어요.

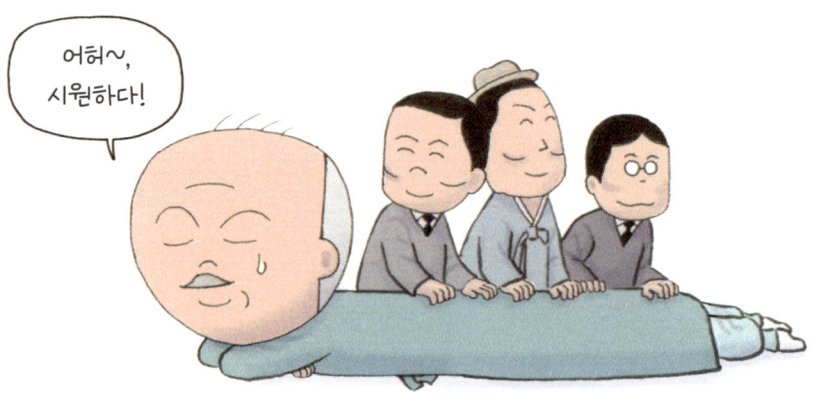

그래도 박두성은 자신의 일을 멈추지 않았어요. 1941년에 신약 성경 점자 원판을 완성하였고, 1945년 우리나라가 일본으로부터 해방된 뒤에는 『촉불』이라는 점자 잡지를 만들어 맹인들에게 세상 사는 소식을 전해 주었어요.

1948년 어느 봄날, 인천 율목동 25번지에는 지팡이로 길을 더듬어 찾아온 전국 곳곳의 맹인들이 모여들었어요. 대문에 커다란 태극 모양이 그려져 있고 '대한맹인사업협회'라는 간판이 붙은 긴 돌담집, 바로 박두성의 집으로 말이에요. 간판 옆에는 '점자 도서 안내소'라는 작은 표찰도 있었어요. 그곳은 박두성의 집이자 맹인들을 위한 집이기도 했던 거예요.

맹인들이 그 집을 찾는 것은 특별한 일이 아니었지만 그날은 특별한 일 때문에 모이고 있었어요. 바로 박두성의 예순 살 생일을 기념하는 회갑 잔치가 열리는 날이었거든요.

맹인 제자 유도윤이 일어나 잔치를 진행했어요.

"저를 낳은 아버지야 따로 계시지만 선생님이 제게 점자를 가르쳐 세상에 눈 뜨고 살게 해 주셨으니, 선생님은 제게 또 다른 아버지이십니다. 선생님! 여기 수많은 눈먼 자식들에게 한말씀 해 주시지요."

제자들은 다들 고개를 끄덕이며 박두성의 목소리를 기다렸어요. 박두성은 얼굴을 살짝 붉히며 자리에서 천천히 일어났어요. 그는 제자들의 얼굴을 하나하나 새겨 본 뒤에야 말을 시작했지요.

"내가 처음 제생원에 갈 때는 봉급을 받아 시골에 계신 우리 아버지, 어머니에게 농사지을 땅을 사 드려야지, 우리 동생들 공부시켜야지 하는 생각이었소. 그러니 나는 여러분이 생각하는 그런 칭찬받을 만한 사람이 아니라오. 그렇게 눈먼 이들과 인연을 맺고 보니 그들이 배우고 읽을 수 있게 하느라고 우리 한글을 점자로 만들고, 점자책을 찍게 된 것이오. 그러니 나는 좋은 일을 한 것이 아니라 필요한 일을 하며 살아온 것뿐이오. 그런데 여러분이 이렇게 나를 찾아와 주는 게 얼마나 고마운지 이루 말할 수 없소. 내가 한 일이 다 잘한 것 같소."

담담하게 말했으나 박두성의 마음에는 기쁨이 가득했어요. 그날 박두성은 대청마루에 그득그득 차린 음식들을 하나도 빼놓지 않고 제자들에게 먹이느라 정신이 없었어요. 우리나라가 일본의 지배로부터 해방의 빛을 본 기쁜 시절에, 점자를 통해 세상의 빛을 본 제자들이 모여 있는 게 더할 나위 없이 기뻤지요.

하지만 그런 기쁨의 시간은 오래 가지 못했어요.

1950년 6월 25일,
우리나라에 육이오 전쟁이
일어났어요. 우리나라가 남한군
과 북한군으로 나뉘어 싸우게 된 거예요.
한 나라 사람들끼리 총을 겨누는 가슴 아픈 전쟁
이었으나 박두성은 슬퍼하고만 있지 않았어요. 피난
을 간 부산에서도 전쟁터에서 싸우다 앞을 못 보게 된
군인들에게 점자를 가르쳤어요. 그리고 그들이 장애를
극복하고 새로운 생활을 할 수 있게 도왔지요.

1953년 7월, 남북한은 휴전선을 정하고 겨우 전쟁
을 멈추었어요. 박두성은 다시 인천 율목동 집으로 돌
아왔지요. 그런데 얼마 지나지 않아 기막힌 소식을 들
었어요. 그건 바로 10년에 걸쳐 만들어 놓은 성경 점자 원판이 전쟁 중에 불타 없어졌다는 것이었어요. 기독교 서적 센터에서 일하던 임현빈 목사가 박두성에게 물었어요.

"박 선생님의 피땀이 어린 성경 점자 원판을 잃었으니 이제 어떻게 하면 좋겠습니까?"

박두성은 망설임 없이 답했어요.

"다시 찍어야지요."

그 말을 듣고 가족들은 기가 막혔어요. 그때 박두성은 중풍에 걸려 오른쪽 몸을 제대로 쓰지 못하며 지내고 있었거든요. 그런데도 그는 자신의 일을 멈출 생각이 없었어요. 다행히 소나무처럼 한결같은 그의 뜻을 응원이라도 하듯, 이웃에 사는 젊은이 이경희가 점자 찍는 일을 도왔어요.

1957년 12월 25일, 박두성은 점자로 찍힌 신구약 성경 24권을 완성시켰어요. 눈먼 이들의 마음을 밝혀 주겠다는 그의 의지가 전쟁의 상처도 거뜬히 이겨 낸 거예요.

자네 점자 한번 배워 보겠나?

점자요?

좋아요, 배워 볼게요!

조금만 더!

와, 잘한다!

다 다 다 다 다

신구약 성경 24권 완성!

뚝딱!

1962년 8월 15일, 나라에서는 박두성에게 국민 포장을 내렸어요. 국민 포장이란 국민을 위해 큰일을 해낸 사람에게 주는 나라의 훈장이지요.

박두성은 평생 동안 눈먼 이들에게 빛을 주고자 몸과 마음을 다 바친 덕에 진작부터 깊은 병을 앓고 있었어요. 중풍이 심해져 이제는 자리에 누워 몸을 뒤척이기도 힘들었지요. 그렇게 병석에 누워서도 박두성은 말했어요.

선생님, 감사합니다.

"점자책은 쌓지 말고 책꽂이에 꽂아 두어라. 쌓아 두면 튀어나온 점자가 눌려서 손끝으로 읽어 내기 어려울 테니까 말이다."

1963년 8월 25일, 일흔다섯 살의 나이에 박두성은 가족들이 지켜보는 가운데 숨을 거두었어요. 일평생 푸른 빛을 간직하고 사는 소나무처럼, 눈먼 이들을 위한 일에 몸과 마음을 바쳐 온 박두성. 그가 마침내 하늘로 올라가 별이 된 거예요. 북두칠성이라는 뜻을 지닌, 그의 이름 '두성'처럼 말이에요.

♣ 사진으로 보는 박두성 이야기 ♣

박두성은 시각 장애인의 세종대왕
이라고 불렸어요. 한글 창제 원리를
바탕으로 읽기 쉽고 배우기 쉬운
한글 점자를 만들어 냈어요.

박두성과 그의 제자들의 사진이에요. 앞에 앉은
사람이 박두성이에요. 이들은 비밀리에 함께 점자
연구를 했지요.

박두성 옆에서 부인 김경내가 글이나 내용을
점자로 옮기는 것을 돕고 있어요.
부인은 점역뿐 아니라 제본하고 보급하는 일도
도왔어요.

제생원에서 학생들에게 해부학을 가르치고
있어요. 박두성이 뒤에 서서 설명하고, 학생들이
나와서 직접 뼈 구조물을 만져 보았지요.

박두성이 사용했던 점자 타자기와 제판기예요. 6점식 점자 원리에 기반해서, 점자 보급에 크게 기여했지요.

『조선어독본』은 한글 점자로 출판된 최초의 국어 교과서예요.

점자 주간 회람지 『촉불』 가운데 한 권이예요. 박두성이 시각 장애인들에게 세상 소식을 전하고 정보를 제공하려고 만들었어요.

『맹사일지』는 시각 장애인 사업의 활동 내용을 기록한 중요한 문서예요. 시각 장애인 교육과 복지 사업의 실상이 담긴 귀한 자료예요.

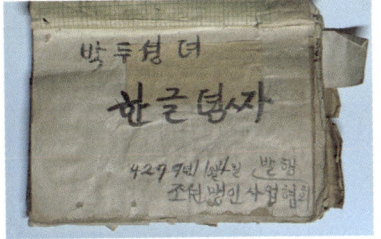

『한글점자설명서』는 훈맹정음의 사용법과 원리를 설명하는 문서예요. 시각 장애인뿐만 아니라 비장애인들도 훈맹정음을 이해하여 도움을 줄 수 있도록 만들어졌어요.

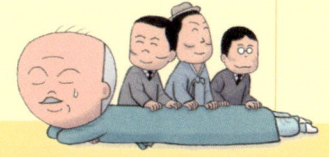

♣ 박두성에 대해 더 궁금한 것들 ♣

박두성이 제생원에서 일할 당시 우리나라의 상황은 어땠나요?

1910년부터 일본이 조선을 식민지로 만든 뒤 강압적으로 통치하기 시작했어요. 교육 역시 철저히 통제했지요. 조선어 수업은 선택 과목 수준으로 무시하고, 일본어를 교육의 중심에 두었어요. 조선어뿐 아니라, 조선 역사, 지리 과목 역시 축소되고 왜곡되었지요. 조선어 교사는 주로 한국인이었지만, 일본인 교사가 조선어 수업을 감시하거나, 빼 버리는 경우도 많았답니다. 일본은 우리 국민들에게 고등 교육보다는 기초적이고 실업적인 교육만을 시켜서, 결국 우리 국민들을 일본인보다 낮은 수준의 인력으로 길러 내려 했지요.

박두성이 학생들을 가르치고 대할 때의 일화를 더 알려 주세요.

박두성은 제생원 맹아부에서 주산 교육을 강조했어요. "수입과 지출을 정확히 계산해야 맹인들도 잘살 수 있다."라고 늘 가르쳤지요. 여기에는 학생들의 경제적인 자립과 실질적인 삶의 기술을 가르치려 한 마음이 담겨 있어요.

또한 박두성의 집 대문에는 커다란 태극 문양이 그려져 있었어요. 시각 장애인들이 집을 찾아올 때, "태극 문양 있는 집이 어디

예요?"라고 물어 쉽게 알 수 있도록 한 세심한 배려였답니다. 이와 같이 박두성은 온 마음을 다해 시각 장애인들의 삶이 좀 더 수월하고 윤택해지기를 바랐어요.

훈맹정음이 만들어진 후 시각 장애인들에게는 어떤 변화가 있었을까요?

1926년 박두성이 만든 '훈맹정음' 덕분에 맹인들은 점자로 책을 읽고 배울 수 있게 되었어요. 『심청전』 같은 이야기를 손끝으로 읽으며 큰 기쁨을 느꼈고, 『천자문』, 『조선어독본』 같은 책도 점자로 번역되어 문맹에서 벗어날 수 있었어요.

박두성은 '점자 통신 교육'을 통해 전국의 맹인들에게 점자를 가르쳤지요. 또 성경, 불경, 의학서 등 다양한 점자책을 만들어 맹인들이 직업을 갖고 꿈을 펼칠 수 있도록 도왔어요. 훈맹정음은 맹인들에게 배움, 직업, 희망을 주는 소중한 선물이었어요. 지금도 그가 훈맹정음을 만들어 반포한 11월 4일은 '한글 점자의 날'로 지정하여 기념하고 있지요.

함께 보면 쏙쏙 이해되는 역사

1911년
독립운동가 이동휘에게
'송암' 호를 받음.

1888년
인천 강화군에서
태어남.

1913년
제생원 맹아부 교사가 됨.
한국 최초 점자 교과서(일본어)를
출판함.

1905년
한성사범학교를 졸업하여
보통학교 교사가 됨.

1917년
부인 김경내와 결혼함.

1880

1910

1824년
루이 브라유가 6점 점자 원리를
만들어 냄.

1913년
제생원 맹아부 설치됨.

1894년
미국 선교사가 우리나라
최초의 맹아학교를 세움.

1919년
삼일 운동이 일어남.

1898년
루이 브라유의 점자가
우리나라에 처음 전해짐.

1957년
신구약 성경 점역을 완성하여
전 24권이 됨.

1962년
국민 포장을 받음.

1945년
인천 시각 장애인 회람지
『촉불』을 발간함.

1963년
세상을 떠남.

1945

1950

1945년
우리나라가 일본의
압제에서 해방됨.

1950년
육이오 전쟁이 일어남.

1949년
한글날을 공휴일로 지정함.

1953년
휴전이 이루어짐.

◆ 박두성의 생애

● 세계 점자의 역사와
우리 근현대사

◆ 1921년
조선맹아협회를 만들고,
3.2점식 한글 점자를 완성함.

◆ 1923년
조선어점자연구위원회를 조직함.

◆ 1940년
조선맹아사업협회를 만들고,
점자 통신 교육을 함.

◆ 1926년
훈맹정음을 반포함.

◆ 1936년
인천영화학교 교장이 됨.

◆ 1941년
신약 성경 점자 원판을 제작함.

1920

1940

● 1932년
미국 점자 표준이 최종으로 확립됨.

◆ 2002년
문화관광부 4월의 문화인물로 선정됨.

◆ 2008년
인천문화재단 인천문화예술
대표 인물로 선정됨.

◆ 2020년
훈맹정음 관련 유물이
국가등록문화재로 등록됨.

◆ 1992년
은관 문화훈장이 주어짐.

1980

2000

● 1981년
'재활의 날'을 지정하여, 추후
'장애인의 날'이 됨.

● 2007년
장애인 등을 위한
특수교육법을 제정함.

● 1994년
국제 규격에 맞춘 한글 점자
개정안이 확정됨.

● 2017년
점자의 날(11월 4일) 제정,
점자법을 시행함.

● 참고 도서

이완우, 『2002년 4월의 문화인물 박두성』(문화관광부, 2002)

이상진, 『송암 박두성 전기』(송암기념사업회, 2005)

박정희, 『내 아버지 박두성』(송암점자도서관, 2016)

주윤정, 『보이지 않은 역사』(들녘, 2020)

이완우, 『시각장애인의 문자 형성과 발달』(홍익재, 2007)

● 사진 제공

62쪽, 63쪽_송암 박두성 기념관

글쓴이 **최도영**

어릴 때부터 종이에 아무 글이나 끄적거리며 노는 게 좋았다. 대학에서 국어교육과 문예창작을 전공했고, 특히 아동 문학에 끌려 어린이책작가교실에서 본격적으로 동화를 쓰기 시작했다. 2018년 『레기, 내 동생』으로 제8회 비룡소 문학상 대상을 받았다. 쓴 책으로는 『별 사람이 다 있네』, 『빠졌으면 좋겠어』, 『돌돌한 아이』 등이 있다.

그린이 **하민석**

어릴 때부터 이야기랑 그림 그리기를 좋아했다. 만화가가 된 지금은 날마다 이야기에 둘러싸여 그림을 그린다. 좋은 이야깃거리를 찾아 여기저기 기웃거리기도 하고, 이야기를 멋지게 표현하기 위해 혼자 공상하는 시간도 아끼지 않는다. 애니메이션 〈안녕, 전우치!〉의 원작 만화 『안녕, 전우치!』와 『탐정 칸의 대단한 모험』, 『기동물기』 등 어린이를 닮은 만화를 여러 권 쓰고 그렸다.

새싹 인물전 O73　　**박두성**

1판 1쇄 찍음 2025년 10월 10일　　1판 1쇄 펴냄 2025년 10월 27일

글쓴이 최도영　　그린이 하민석
펴낸이 박상희　　편집장 전지선　　편집 이요선, 권새미　　디자인 이슬기
펴낸곳 (주)비룡소　　출판등록 1994.3.17. (제16-849호)
주소 06027 서울시 강남구 도산대로1길 62 강남출판문화센터 4층
전화 02)515-2000　　팩스 02)515-2007　　홈페이지 www.bir.co.kr
제품명 어린이용 각양장 도서　　제조자명 (주)비룡소　　제조국명 대한민국　　사용연령 3세 이상

ⓒ 최도영, 하민석, 2025. Printed in Seoul, Korea.

ISBN 978-89-491-2953-2 74990
ISBN 978-89-491-2880-1 (세트)

「새싹 인물전」시리즈

* 계속 출간됩니다.